글 즐비

즐비는 어린이들에게 즐거움을 주는 비밀 같은 이야기를 쓰고 있는 작가들의 모임이에요. 〈냥 작가의 상담소〉 시리즈는 어린이들이 읽는 즐거움뿐만 아니라 쓰는 즐거움까지 느끼기를 바라는 마음으로 기획했습니다. 나른한 길고양이 누룽지가 아이디어를 제공하고, 정재은 선생님이 글을 쓰고, 연호 선생님이 만화 대본을 썼습니다. 끝부분에 실은 독서감상문은 '독서클럽 17층'의 회원인 조아현, 맹지우, 임서영 어린이가 쓴 감상문입니다.
정재은 선생님이 지은 책으로는 〈수학 유령의 미스터리 수학 시리즈〉, 〈정재승의 인간탐구보고서 시리즈〉 등이 있습니다.

그림 류수형

어린이 친구들이 읽으면 웃음이 터져 나오는 만화를 오랫동안 그렸어요. 냥 작가처럼 천방지축인 고양이를 두 마리나 키우고 있는데, 고양이가 그림 그리는 능력을 가져갈까 봐 조심조심 만화를 그렸어요. 그린 책으로는 〈빈대가족의 절약 시리즈〉, 〈위기탈출 넘버원 시리즈〉와 《우주가 쿵》, 《인체가 쿵》 등이 있습니다.

초판 4쇄 2024년 3월 25일 | **초판 1쇄** 2022년 6월 25일
글 즐비 | **그림** 류수형
펴낸이 정태선 | **펴낸곳** 파란정원 | **출판등록** 제395-2010-000070호
주소 서울특별시 은평구 가좌로 175, 5층 | **전화** 02-6925-1628 | **팩스** 02-723-1629
제조국 대한민국 | **사용연령** 8세 이상 어린이
홈페이지 www.bluegarden.kr | **전자우편** eatingbooks@naver.com

글ⓒ즐비 2022 | 그림ⓒ류수형 2022
*본문 중 독서감상문은 칠곡할매글꼴, 교보 손글씨 2019, 어비 찌빠빠체, 국립공원 꼬미를 사용하였습니다.

ISBN 979-11-5868-242-2 74800
 979-11-5868-240-8 74800(세트)

이 책은 저작권법에 따라 보호받는 저작물이므로 무단 전재와 무단 복제를 금지하며, 이 책 내용의 전부 또는 일부를 이용하려면 반드시 저작권자와 파란정원(자매사 책먹는아이·새를기다리는숲)의 동의를 얻어야 합니다.
*잘못된 책은 구입하신 서점에서 바꿔 드립니다.

글 즐비 | 그림 류수형

차례

집 없는 길고양이 냥 작가 … 12

책을 읽으면 집이 나온다 … 22

냥 작가의 책 고르기 비법 … 42

천재 쌍둥이의 경쟁자 제거 작전 … 64

천재 쌍둥이의 실수 … 92

넌 누구 편이야? … 118

등장인물 소개

냥 작가

번개아파트에 사는 길고양이.
어느 날 갑자기 작가의 영혼이 몸에 들어와
사람의 말을 하고 글을 쓰게 되었다.
나영이와 한우에게 '열 문장 독서감상문'
숙제를 남기고 홀연히 사라진다.
사라진 냥 작가에게 무슨 일이 생긴 걸까?

나영이

동물을 좋아하는 2학년.
냥 작가를 쫓아다니는 재미로 산다.
동화 작가인 아빠를 안 닮았는지
글을 쓰는 게 제일 귀찮지만,
냥 작가에게 집을 마련해 주기 위해
독서감상문대회에 나가게 된다.
하지만 책 읽기와 글쓰기를 멀리하던
나영이가 상을 탈 수 있을까?

한우

동물을 무서워하는 2학년.
하지만 이상하게도 냥 작가는 좋아한다.
학습만화는 좋아하지만, 글짓기에는 자신이 없다.
그래도 냥 작가를 위해 독서감상문대회에 나가는데,
어떤 책을 읽어야 할지부터 고민이다.

영재와 수재

자신들을 스스로 '천재 쌍둥이'라 부르는
이란성 쌍둥이.
영재는 영어를 즐겨 쓰고,
수재는 어려운 한자어 말하기를 즐긴다.
쌍둥이는 독서감상문대회에서 상을
받지 못할까 봐 조마조마하다.
그러다 책을 열심히 읽는 대신
끔찍한 일을 저지르고 마는데…….

백작님

나영이의 아빠이자 동화 작가.
어느 날 갑자기 글 쓰는 능력을 잃고,
대신 쥐를 잡는 쓸데없는 능력을 얻었다.
다시 글을 잘 쓰고 싶지만
방법을 몰라 헤매는 중이다.

쌍둥이 엄마

영재와 수재가 천재라고 굳게 믿는 엄마.
취미는 천재 쌍둥이들을 보낼
새로운 학원 찾기.
동물을 좋아하지 않는데,
특히 고양이를 더 싫어한다.

집 없는 길고양이 냥 작가

　번개아파트의 화단에 새 길이 났어. 나영이와 한우가 몰래 다니던 화단 지름길이 정식 길로 바뀌었거든. '징검다리오솔길'이라는 이름도 붙었지.
　새 길이 난 첫날, 나영이와 한우는 당당하게 징검다리오솔길로 달려갔어.
　"냥 작가! 냥 작가!"
　냥 작가는 종종 징검다리오솔길 주변에서 식빵을 구워. 덤으로 책도 좀 읽고 말이야.

냥 작가는 고양이인데 어떻게 책을 읽냐고? 냥 작가는 평범한 고양이가 아니야. 사람 말을 하고, 한글을 읽고 쓸 줄 아는 작가 고양이야. 어느 우중충한 오후, 나영이의 아빠이자 동화 작가인 백작님과 동시에 벼락을 맞고 작가 고양이가 되었어.

작가 고양이가 된 뒤, 냥 작가의 인생도 많이 달라졌어. 다른 길냥이들과 달리 책을 읽고 글을 쓰게 되었어. 생쥐나 비둘기 사냥도 하지 않아. 이상하게도 쥐나 새만 보면 입맛이 뚝 떨어진다지 뭐야.

그럼 냥 작가는 무엇을 먹고사냐고? 숯불에 구운 한우 고기나 돼지고기, 유기농 풀을 먹고 자란 뉴질랜드산 양고기 캔을 먹지. 나영이와 한우에게 글 쓰는 방법을 가르쳐 주는 대신 먹을 것을 받거든. 일종의 학원비 같은 거야.

"어서 책을 읽자냥."

나영이는 하는 수 없이 책을 꺼냈어. 그런데 가방에 쑤셔 박혀 있던 색종이가 책에 붙어 또르르 딸려 나오지 뭐야. 나영이는 자연스럽게 책을 바닥에 깔고, 종이접기를 시작했어.

"내 책 좋지? 역시 책은 크고, 표지가 딱딱한 그림책이 최고야."

나영이는 그림책의 표지를 통통 자랑스럽게 두드렸어. 한우는 단단한 책 표지를 부러운 눈으로 쳐다보았지.

"좋겠다. 나도 표지가 빳빳한 책으로 고를걸. 내 책은 자꾸 구부러져서 종이접기가 잘 안 돼."

"그러니까 평소에 책을 잘 관찰해야지. 어떤 책이 놀잇감이 될지, 어떤 책이 자장가가 될지……. 알겠지?"

"역시. 나영이는 작가님 딸답게 책 고르기 선수구나. 부럽다."

나영이와 한우는 처음으로 진지하게 책 이야기를 나누었어. 냥 작가는 두 아이를 한심하게 쳐다보다가 앞발을 살포시 내밀었어.

　아이들이 겨우 책을 보기 시작하는데, 갑자기 오솔길로 칼바람이 쌩쌩 불었어. 그 순간 나영이의 콧물이 주르륵 책 위로 떨어졌지.
　"으, 더러워. 너랑 같이 책 못 읽겠어."
　한우는 진저리를 쳤어. 나영이는 살짝 부끄러워서 일부러 더 큰 소리로 콧물을 빨아먹었어.

"크흡, 세상에 콧물 안 흘리는 사람도 있냐? 고양이도 흘릴걸. 그치, 냥 작가?"

나영이와 한우는 동시에 냥 작가를 쳐다보았어.

"캣취."

냥 작가는 몸을 부르르 떨며 재채기를 했어.

냥 작가의 독서감상문 상담소

> 냥 작가님,
> 학교에서 독서록을 쓰래요.
> 독서록이 뭐예요? 꼭 써야 하는 건가요?
> —1학년 2반 귀염둥이 올림

독서록을 쓰면 내용을 깊이 있게 이해할 수 있다냥.

독서록은 왜 쓸까?

독서록은 책을 읽고 쓴 기록이야. 날짜, 책 제목, 한 줄 느낌을 간단하게 적기도 하고, 길게 독서감상문으로 쓰기도 해. 독서록을 쓰면 책의 내용을 좀 더 깊이 있게 이해하고 기억할 수 있어서 좋아.

책을 읽을 때마다 독서록을 쓸 필요는 없어. 독서록을 쓰는 것보다 책을 재미있게 읽는 것이 100배는 더 중요하거든. 하지만 학교 숙제로 독서록이 나오기도 하니까, 쉽게 쓰는 방법을 알아 두면 편하겠지?

책을 읽으면 집이 나온다

"급하다, 급해."

나영이는 종종걸음으로 화장실로 뛰어갔어. 너무 급해서 노크도 까먹고 화장실 문을 벌컥 열었어.

나영이는 눈이 휘둥그레졌어. 화장실 귀신이라도 봤냐고? 지은 지 28년 된 나영이네 학교 화장실은 너무 낡아서 귀신이 없는 게 더 이상할 지경이야. 하지만 여왕님의 의자처럼 보석이 콕콕 박힌 화려하고 예쁜 변기가 나타났으니, 이건 정말 놀랄 일이지!

　나영이는 어쩐지 조심스러워서 예쁜 변기에 앉지 못했어. 발만 동동 구르다 눈을 번쩍 떴어.
　나영이는 푹신한 자기 침대에 누워 있었어.
　"꿈이구나. 쉬했으면 큰일 날 뻔했네."
　나영이는 안도의 한숨을 내쉬었어. 작년까지 종종 이불에다 서울 지도, 우리나라 지도, 세계 지도, 그리고 달 지도까지 그리는 바람에 혼이 났거든.
　"꿈에서 지도를 그리기 전에 깨다니, 이제 나도 다 컸나 봐."

나영이는 집 화장실에서 뿌듯하게 쉬를 하고, 시계를 보았어. 12시 정각! 하필이면 귀신과 유령이 제일 좋아한다는 한밤중이야. 나영이는 괜히 으스스해서 거실을 한 바퀴 둘러보았어. 백작님의 방문 밑으로 불빛이 희미하게 새어 나오고 있었어.

'귀신의 시간에 백작님은 안 자고 무엇을 할까? 설마 드라큘라 백작으로 변한 건 아니겠지?'

나영이는 살금살금 백작님의 방으로 다가가 방문을 홱 열었어.

"내 마음처럼 온 세상을 차갑게 묻어 버려라!"

백작님은 흐흐흐흐 괴상한 웃음소리를 냈어. 아니, 울음 소리였나?

나영이도 눈을 보는 마음이 복잡했어. 지금까지는 함박눈이든 진눈깨비든 눈이라면 다 좋았는데…….

"눈이 많이 오면 냥 작가는 어쩌지?"

나영이는 눈이 내리는 창밖을 바라보며 한숨을 푹 쉬었어.

다음 날, 나영이는 학교에서 돌아오자마자 징검다리 오솔길로 달려갔어. 냥 작가는 맨바닥에 도도하게 앉아 책을 보고 있었어. 흩날리는 진눈깨비를 온몸으로 맞으며…….

나영이는 와락 화가 났어.

"냥 작가, 이런 날 맨바닥은 너무 차갑잖아."

"뱃살이 많아서 괜찮다옹."

나영이는 괜찮지 않았어. 괜히 냥 작가가 보고 있는 책에 시비를 걸었지.

"어휴, 이런 날은 책을 이렇게 쓰는 게 아니야!"

나영이는 냥 작가가 읽던 책을 뺏어서 척척 펼쳤어.

한우도 학교가 끝나자마자 한우한돈고깃집에 들렀다가 징검다리오솔길로 왔어. 냥 작가를 주려고 부드러운 한우 안심을 구워서 왔지. 하지만 추운 날씨 때문에 고기는 식어서 딱딱해져 버렸어.

"고기가 얼었다옹! 딱딱해서 이빨도 안 들어간다옹."

고기를 한 입도 먹지 못한 냥 작가는 몸을 둥그렇게 웅크렸어. 아쉬운 듯 혓바닥으로 앞발만 할짝할짝 핥았어.

"불쌍한 떠돌이 냥 작가."

나영이와 한우는 세상에서 제일 안타까운 표정으로 냥 작가를 바라보았어. 냥 작가는 자존심이 팍 상했어.

"오해하지 마라냥! 난 떠돌이가 아니라 영혼이 자유로운 길냥이다냥. 길냥이답게 길에 집이 있다냥."

냥 작가는 성큼성큼 자기 집으로 걸어갔어. 아이들은 쪼르르 뒤를 따랐지.

날 따라오라냥.

냥 작가의 집은 번개아파트의 제일 안쪽에 있는 으슥한 화단에 놓인 벤치였어. 사람들이 거의 앉지 않아서 길고양이들이 편안하게 쉬기 좋아 보였어. 하지만 사람들이 관리를 하지 않아서 반쯤 부서져 있었어.

"부서진 집에 사는 걸 보니 냥 작가는 진짜 거지냥, 떠돌냥이구나. 여긴 비도 들이치고, 바람도 다 들어오겠는데?"

한우와 나영이는 부서진 벤치를 보고 혀를 찼어.

"괜찮다냥. 비도 조금밖에 안 들어오고, 바람도 조금밖에 안 들어온다냥. 길냥이에게 이 정도 집은 저택이다냥."

냥 작가는 당당했어. 부서진 벤치 집에 만족했거든. 하지만 나영이는 고개를 절레절레 저었어.

"냥 작가는 작가면서 '저택'이 무슨 뜻인지 모르는구나."

"걱정 마. 우리가 거지 집을 저택으로 바꿔 줄게."

한우까지 맞장구를 쳤어.

"괜찮다냥. 길냥이는 원래 집 욕심이 없다냥. 사람들이나 집에 집착하고 그런다냥."

냥 작가가 말렸지만 나영이와 한우는 벌써 고양이 집 설계를 시작했지 뭐야.

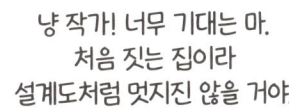

나영이는 푸른숲공원에 가 보았어. 푸른숲공원은 고양이 공원이라고 불릴 만큼 고양이들이 많이 살아. 특히 공원 한가운데에 있는 야옹이나무에는 늘 고양이들이 붙어 있지. 하지만 그날은 공원 울타리를 따라 고양이들이 옹기종기 식빵을 굽고 있었어.

 나영이가 가까이 가 보니 큼직한 상자 몇 개가 나란히 놓여 있었어. 상자 안에 뭐가 들었을까? 궁금한 것은 못 참는 나영이는 상자 입구로 손을 쑥 넣었어.

냐옹, 상자 안에서 자고 있던 고양이가 놀라서 툭 튀어 나왔어.

"으앗! 깜짝이야. 이거, 고양이 집이구나. 길고양이 집."

길고양이 집은 포근하고 따뜻해서 고양이들이 겨울을 나기에 딱 좋아 보였어. 문제는 겨우 세 채뿐이라는 것!

"여기에 고양이가 얼마나 많은데……. 집에 있고 싶어도 쫓겨나는 고양이도 있겠다."

나영이의 말이 끝나기도 전에 웬 고양이가 냐아옹, 우는 소리를 내며 고양이 집에서 도망쳐 나왔어.

"냥 작가, 걱정 마! 내가 꼭 집 사 줄게."

나영이는 결심했어! 더 추워지기 전에 무슨 일이 있더라도 냥 작가의 집을 마련하기로!

나영이는 저금통을 통째로 들고 사거리에 있는 동물 책방 겸 동물 용품 가게인 포키포키에 갔어.

"여기 길고양이 집도 있어요?"

나영이는 계산대에 돼지 저금통을 올려놓고 자신 있게 물었어. 전 재산을 가져왔으니까!

"그럼. 튼튼한 집, 예쁜 집, 따뜻한 집, 고급스러운 집, 다 있지. 어떤 것으로 줄까?"

나영이는 마음 같아서는 네 채 모두 사 주고 싶었어. 하지만 냥 작가는 몸이 하나니까 한 채면 되겠지!

"따뜻한 집이요. 근데 튼튼하기도 해야 해요!"

나영이는 터벅터벅 집으로 돌아갔어. 작은 도서관 앞을 힘없이 지나가는데, 천재 쌍둥이들이 속닥거리다 나영이를 보고 시치미를 뚝 뗐어. 둘이서 도서관 게시판에 등을 딱 붙이고 어색하게 서서 말이야.

 나영이는 다른 것도 잘 못 참지만 자기한테만 뭘 숨기는 건 정말 못 참아. 나영이는 쪼르르 달려가 물었어.

 "뭐야? 뒤에 뭐 숨겼어?"

 "안 숨겼어."

 영재와 수재는 동시에 외쳤어.

 "거짓말!"

 자칭 명탐정 나영 홈스는 거짓말을 금방 알아챘어. 영재는 거짓말을 할 때마다 제 머리카락을 잡아당겨서 배배 꼬는 버릇이 있는데, 지금 머리카락이 뽑힐 정도로 잡아당기고 있었어.

 "뒤에 뭐 좋은 거 있지? 나도 보여 줘. 나도 볼래."

 나영이는 쌍둥이들 사이를 비집고 들어가 기어이 게시판을 확인했어.

"에계, 독서감상문대회? 난 또 뭐라고……. 그딴 거 보여 줘도 안 해. 책을 읽으면 뭐 과자가 나와, 젤리가 나와?"

나영이는 코웃음을 쳤어. 그런데 돌아서는 나영이의 뒤통수에 대고 영재가 더 크게 비웃지 뭐야.

"바보. 책을 읽으면 문상이 나오지."

"문상? 문화상품권?"

순간 나영이의 머릿속에서 번쩍, 포키포키에서 본 안내문이 떠올랐어.

나영이는 깨달았어.

'책을 읽으면 냥 작가의 집이 나온다!'

냥 작가의 독서감상문 상담소

냥 작가,
학교에서 독서감상화대회를 한대.
책을 읽고 그림을 그리라는데,
뭘 그려야 해?

−1학년 2반 최지호

나만의 표지를 그려 보라냥.

독서감상화는 어떻게 그릴까?

독서감상화는 책을 읽고 느낀 점을 그린 그림이야. 그냥 재미있었는데, 어떻게 그리냐고? 책 표지를 그려 봐. 원래 표지는 없었다고 생각하고, 제목과 주인공을 생각하며 새로 그리면 멋진 독서감상화가 될 거야.

가장 기억에 남는 장면을 그려도 좋아. 단, 책에 그려진 그림을 그대로 따라 그리지는 않았으면 좋겠어. 그건 네 느낌이 아니라, 그림 작가의 느낌이니까 말이야.

냥 작가의 독서감상문 비법

책을 읽을 때 내용을 잘 기억하는 방법을 알려 주겠다냥.

등장인물 소개표를 쓰면서 읽어 보라냥. 인물이 많이 나오는 이야기책과 인물책을 읽을 때 특히 도움이 된다냥.

책에 끼워 둘 수 있는 종이를 준비해라냥. 그래야 쉽게 꺼내 볼 수 있다냥.

《박찬두 체험》을 읽고 쓴 등장인물 소개표다냥.

등장인물	성격	특징
박찬두 (주인공)	성격이 좋다.	• 집안일을 잘 돕는다. • 매일 지각한다. • 옹달샘과 몸이 바뀐다.
옹달샘 (선생님)	불만이 많아서 매일 투덜거린다.	• 찬두와 몸이 바뀐다. • 옆반 정미라 선생님을 좋아한다.

냥 작가의 책 고르기 비법

 나영이는 벌써 오십 분째 책상 앞에 앉아 독서감상문을 쓰고 있어. 나영이의 아홉 살 인생에서 이렇게 오랜 시간 동안 책상 앞에 앉아 있기는 처음이야. 학교 수업도 사십 분이면 땡 끝나잖아.
 "으아, 아무 생각이 안 나서 아무 생각도 안 난다."
 나영이는 비명을 지르며 침대에 털썩 드러누웠어. 백작님이 놀라서 나영이의 방문을 열었어.
 "나영아, 어디 아파?"

"아니요. 집 사기가 너무 힘들어서 그래요."

"집? 당연하지. 집은 엄청 비싸니까. 근데 집이 왜 필요해? 설마, 나영이 너 독립할 거야?"

백작님은 금세 눈물이 그렁그렁해졌어.

백작님의 꿈은 딱 두 가지야. 어린이 독자들이 킬킬거리며 웃을 수 있는 재미있는 동화를 쓰는 것과 하나뿐인 딸과 오래오래 같이 사는 것! 요즘 글이 안 써져서 첫 번째 꿈이 깨지고 있는데, 나영이까지 집을 나간다고? 백작님은 생각만 해도 눈물이……

"백작님, 뚝! 전 집 안 나가요! 냥냥이의 집을 사려고 독서감상문을 쓰는데, 너무 어려워서요."

백작님은 또 눈물이 그렁그렁해졌어. 이번에는 감격의 눈물이었어. 그동안 나영이는 동화 작가인 아빠의 직업이 부끄러울 만큼 책과 담을 쌓고 지냈는데, 이제야 책 읽는 즐거움을 알게 되었나 봐. 백작님은 나영이가 대견해서 다정하게 물었어.

"우리 나영이, 독서감상문을 쓰려고 무슨 책을 읽었니?"

"앗! 책을 안 읽었구나. 그래서 아무 생각도 안 나는 거였어!"

나영이는 헤헤 웃으며 백작님과 함께 책을 읽기 시작했어.

　백작님은 어이가 없었어. 한편으로는 나영이처럼 책을 싫어하는 어린이들을 위해 더 재미있는 책을 쓰고 싶다는 의지가 불끈 솟았지. 하지만 백작님은 재미있는 이야기를 쓸 수가 없어. 글쓰기 능력을 누가 훔쳐 갔는지, 요즘 통 글이 잘 안 써지거든.

"흐엉. 어떻게 하면 신나고, 재밌고, 기발하고, 활기찬 동화를 다시 쓸 수 있을까? 나영아, 글 잘 쓰는 비법 아니?"

나영이가 그런 비법을 알 리가 없지. 얼마 전까지 일기도 잘 못 썼는걸! 지금은 냥 작가에게 일기를 배운 덕분에 글솜씨가 좀 늘었지만……

"맞다, 일기! 글솜씨! 백작님, 혹시 일기 써요? 내 친구 중에 작가가 한 마리 있는데, 날마다 일기를 쓰면 글을 잘 쓰게 된대요."

"일기? 그렇지. 글쓰기의 최고 비법은 일기지! 왜 그걸 잊고 있었지?"

백작님은 일기 쓰기의 효과를 톡톡히 경험한 적이 있어. 나영이의 육아일기를 쓰면서 말이야.

나영이가 아기였을 때, 백작님이 육아를 도맡았어. 나영이의 엄마는 회사 일이 너무 바빴거든. 백작님은 하루 종일 아기 나영이를 먹이고, 입히고, 기저귀를 갈고, 놀아 주었어. 아기 나영이와 함께한 시간은 놀랍고, 즐겁고, 행복했지만 때때로 지치기도 했어. 나영이가 어디 보통 장난꾸러기였어야 말이지.

백작님은 아기를 키우면서 힘들고 지칠 때마다 육아일기로 마음을 달랬어. 아기를 보며 느끼는 즐거움과 기쁨도 일기장에 기록했어.

육아일기를 쓰다 보니 원래 좋았던 백작님의 글솜씨는 더욱 훌륭해졌어. 그 무렵 쓴 동화는 다 명작이었대.

"일기를 열심히 써서 글쓰기 실력을 다시 키울 테다."

백작님은 연필에서 불꽃을 튀기며 일기를 쓰기 시작했어. 독서감상문을 도와주기로 한 약속은 벌써 잊어버렸나 봐.

"어떡하지? 나 혼자는 상을 못 타겠는데……."

나영이는 잠시 고민하다가 도와줄 친구를 떠올렸어.

나영이는 후다닥 한우한돈고깃집으로 달려갔어. 한우는 맛있는 고기 밥상에서 일기를 쓰고 있었어. 나영이는 고기 밥상으로 곧장 뛰어들었어.

"근데 한우야, 지금 고기 먹을 때가 아니야. 우리, 독서 감상문대회에 나가야 해."

"엥? 그런 숙제가 있었어? 내 알림장에는 안 적혔는데?"

한우는 눈이 똥그래져서 알림장을 뒤졌어. 나영이는 한우의 알림장을 확 덮어 버렸어. 인생에서 정말 중요한 것들은 알림장 따위에 적혀 있지 않아!

"한우야, 지금 숙제가 문제야? 알림장이 문제야? 독서감상문대회에서 상을 타면 냥 작가에게 집을 사 줄 수 있는데?"

"집?"

한우는 나영이와 함께 무너뜨린 냥 작가의 집을 떠올렸어. 안 그래도 미안했는데, 집을 사 줄 수 있다면 뭐든지 해야지. 글 쓰는 일만 빼고!

"미안해. 난 독서감상문 못 써."

한우는 도리도리 고개를 저었어.

"쓰기만 하면 집이 나오는데, 왜 안 써? 너 때문에 냥 작가가 집도 없이 거지냥으로 지내도 괜찮아?"

 "다행이다. 같이 대회에 나가게 돼서……. 나 혼자 나가면 상 탈 확률이 50%지만 같이 나가면 100%잖아."

 나영이는 활짝 웃었어.

 "진짜? 100%야? 어떻게 계산한 거야?"

 수학을 잘하지 못하는 한우 생각에도 계산이 좀 안 맞았어. 나영이는 한우가 더 깊이 따지기 전에 얼른 작은 도서관으로 달려갔어.

작은 도서관 관장님은 나영이를 보자마자 물을 한 컵 내줬어. 나영이는 다섯 살 때부터 도서관에 다녔어. 한 번도 책을 보거나 빌린 적은 없고, 물만 마시고 재빨리 뛰어나갔지. 놀이터에서 놀다가 목이 말라서 온 거라. 놀이의 흐름이 끊기기 전에 가야 했거든.

"잘 먹겠습니다!"

　나영이는 물을 꿀떡꿀떡 마시고 뚜벅뚜벅 책장으로 걸어갔어. 관장님은 놀라서 입을 떡 벌렸어.

"세상에! 나영이가 책을 보러 왔어? 설마 진짜?"

나영이와 한우는 한참 동안 책을 골랐어. 영어책은 안 되고, 너무 두꺼운 책은 질리고, 그림이 없는 책은 끔찍하고, 글씨가 작은 책은 눈이 아프고, 학습만화는 괜찮지만 독서감상문대회에서 안 받아 주고…….

"어휴, 책 고르기가 이렇게 어려운 일이었어?"

나영이와 한우는 읽을 책을 정하기도 전에 지쳐 쓰러질 지경이었어. 그때 책장 사이로 낯익은 공책이 보였어.

영재와 수재, 쌍둥이는 어릴 때부터 유명한 독서논술학원에 다녀서 엄청나게 책을 많이 읽었대. 천재 쌍둥이들이 잘난 척할 때 쓰는 말도 다 책에서 배웠대. 작년에는 독서록을 많이 써서 상도 받았어.

 그러니까 천재 쌍둥이의 독서록에는 재미있는 책 제목이 아주 많겠지? 그중 하나를 골라서 읽기만 하면 냥 작가의 집이…… 아니 독서감상문상이 뚝 떨어지겠지!

 나영이와 한우는 군침을 꿀꺽 삼켰어. 허락도 없이 다른 사람의 독서록을 보면 안 되지만…….

"영재야, 미안해. 한 번만 볼게."

나영이와 한우는 고개를 꾸벅 숙여 사과하고, 영재의 독서록을 펼쳤어. 재미있는 책의 목록이 우르르 쏟아질 거라고 기대하며…….

날짜	책 제목	지은이	한 줄 느낌
10월 4일	사기열전	사마천	사기 치는 책은 나쁘다.
10월 31일	국가	플라톤	나의 국가는 대한민국.
11월 6일	끝없는 이야기	마하엘 엔데	끝이 없는 이야기라 다 못 읽었다.

나영이는 책이라면 다 별로지만 영재의 독서 목록에 있는 책은 더 별로였어. 흥미로운 제목이 하나도 없었거든.

하지만 한우는 책 좀 아는 사람처럼 고개를 끄덕였어.

"논술학원에서 가르쳐 준 책인가 봐. 상을 타려면 이런 책으로 써야 할 것 같아."

나영이와 한우는 영재의 독서록에 적힌, 글씨가 작고 그림이 없고 어렵고 내용도 모르겠는 두꺼운 책을 빌려서 나왔어.

냥 작가는 나영이와 한우의 책을 보고 캣웃음을 쳤어. 나영이와 한우가 가져온 책은 초등학교 2학년 어린이에게 적당하지 않았거든. 나영이가 고른 책은 동화책이지만 너무 두꺼웠고, 한우가 고른 책은 어른들도 쉽게 도전하지 않는 어려운 책이었지.

"책도 자주 골라 봐야 재미있는 책을 찾아내는 눈이 생긴다냥. 무거운 책을 들고 힘쓰지 말고 얼른 도서관에 돌려주라냥."

냥 작가는 냐하냐하 웃었어.

나영이는 버럭 화가 났어. 나영이는 다른 사람에게 무시당하는 건 절대로 못 참거든. 상대가 고양이라도 말이야. 나영이는 팩 토라졌어.

"흥! 지금 내 수준이 낮다는 거야? 냥 작가 너, 몰라도 한참 모른다. 한우는 몰라도 나는 수준이 엄청 높거든."

"다른 사람은 몰라도 나영이 네가 나한테 뭐라고 할 처지는 아니지."

한우도 삐쳐서 볼멘소리로 투덜거렸어. 냥 작가는 한심한 눈으로 쳐다보다가 둘 사이로 살포시 끼어들었어.

냥 작가의 독서감상문 비법 - 책 고르기

어떤 책을 읽어야 할지 모르겠다면, 내가 특별히 개발한 이 테스트로 골라 보라냥.

일단 책장에서 책을 한 권 꺼내라냥.

난 이 책을 골랐다냥.

너희가 고른 책 표지가 마음에 드냥?

Yes → 제목이 마음에 드냥?

No → 그림이 예쁘냥?

이 책은 표지가 빳빳하고 제목도 흥미로워.

난 그림이 귀엽고 가정 통신문도 궁금해서 골랐어.

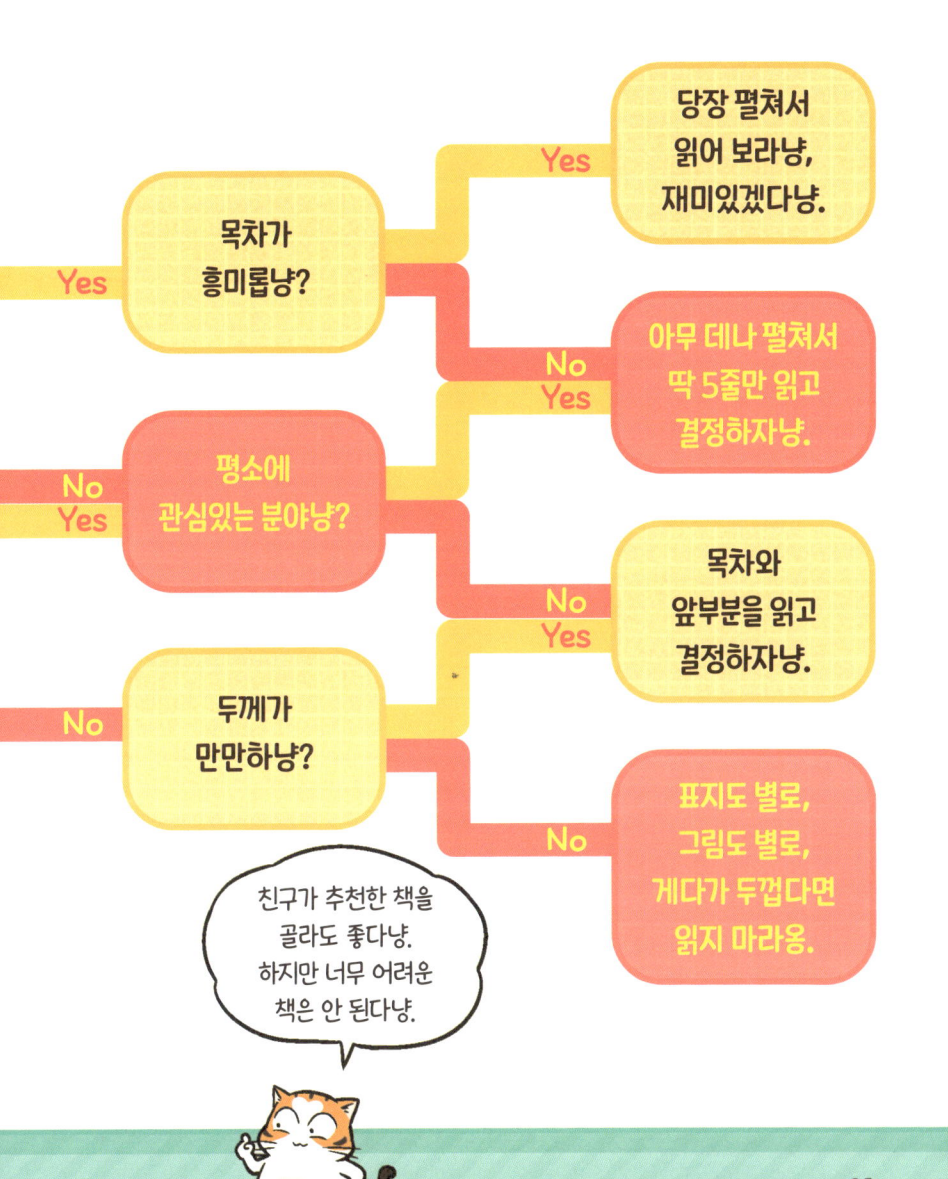

나영이와 한우는 책 선택에 전혀 도움이 안 된 영재의 독서록을 돌려주었어.

"와이? 와이, 와이, 와이? 왜 내 독서록을 훔쳤지?"
"훔친 게 아니라 주웠어."
나영이는 사실대로 당당하게 말했어. 그래도 영재의 눈에서는 계속 레이저가 나왔어.
"내용 봤지? 너희들, 내 독서록 커닝해서 독서감상문대회 나가려는 거 아니야?"
"보긴 했지만, 그런 거 아니거든."
나영이와 한우는 펄쩍 뛰었지만 속으로는 뜨끔했어. 영재가 상대방의 마음을 꿰뚫어 보는 진짜 천재가 아닌가 싶어서 말이야.

냥 작가의 독서감상문 상담소

냥 작가~,
독서감상문을 어떤 책으로 쓰면 쉬울까?
재미있게 읽은 책도
막상 독서감상문을 쓰려면 힘들어.
　　　　　　-3학년 1반 정이

주인공이 나와 비슷한 아이면 쓸 말이 많을 거다냥.

독서감상문을 쓰기 좋은 책이 따로 있을까?

독서감상문을 위한 책은 따로 있지 않아. 재미있게 읽은 책, 쉽게 이해한 책이라면 어떤 분야의 책이라도 상관없어.

그래도 독서감상문이 처음이라면 지식을 설명하는 책보다는 이야기책이 좋아. 특히 나와 비슷한 주인공이 나오는 책을 보면 쓸 말이 더 많을 거야. 주인공의 성격, 겪은 일, 느낀 감정 등을 나와 비교해서 쓸 수 있기 때문이야.

천재 쌍둥이의 경쟁자 제거 작전

 영재는 영 찜찜했어. 책이라고는 관심도 없던 나영이가 갑자기 독서록을 주워 가질 않나, 도서관에 나타나질 않나. 그것도 길고양이 냥냥이까지 데리고!
 "냥냥이가 말도 하고 글도 쓰는 캣이라며 헛소리를 하더니, 독서감상문이라도 불러 줄 거라고 생각하나? 흥! 유치하긴!"
 영재는 코웃음을 치다가 갑자기 얼음이 되었어. 예전에 나영이가 했던 말이 떠올랐거든. 냥냥이가 말도 하고, 일기도 대신 써 주는 냥 작가라는 말 말이야.

> 냥 작가가 한우 대신 숙제도 해 주고, 시험도 봐 주면 너보다 잘할 텐데. 괜찮겠어?

"냥냥이가 정말 냥 작가면 어쩌지? 냥 작가가 독서감상문을 대신 써 줘서 나영이와 한우가 상을 받으면 어쩌지? 오 마이 갓! 비상사태야."

영재는 당장 수재에게 이 끔찍한 상황을 알렸어.

영재와 수재는 목숨만큼 중요한 수학 학원을 빼먹고 작전 회의를 열었어. 이번 독서감상문대회는 천재 쌍둥이들에게 그만큼 중요하거든.

영재와 수재는 어릴 때부터 독서논술학원에 다니며 독서감상문대회에 여러 번 나갔어. 하지만 상은 한 번도 못 탔어. 이번에도 상을 못 타면 엄마가 엄청 실망할 거야. 어쩌면 학원을 하나 더 다니게 될지도 몰라.

"난 꼭 상을 탈 거야. 또 다른 학원은 절대 못 다녀."

영재는 두 주먹을 불끈 쥐었어. 주먹을 쥐지는 않았지만 수재도 같은 마음이었어.

"냥 작가를 미행하자. 정말로 독서감상문을 불러 주는지 확인하게."

"오케이, 내 상은 내가 지킨다. 나영이와 한우, 저 뚱뚱보 고양이한테 뺏기지 않겠어."

냥 작가의 독서감상문 비법 - 세 문장 감상문 쓰기 ①

'세 문장 감상문'부터 써 보자옹.

나영이는 《빨간 매미》를, 한우는 《가정 통신문 소동》을 골랐구냥. 왜 그 책을 골랐는지 이유를 떠올려 보라냥.

이유는 한 가지만 써도 된다옹.

표지는 마음에 들었냥?

 책이 크고 표지가 딱딱해서 마음에 들었어.

 표지는 평범해서 별로였어.

제목이 흥미로웠냥?

 빨간 매미는 본 적이 없으니까 궁금했어.

 학교에서 가정 통신문을 맨날 주니까 관심이 갔어.

그림(삽화)의 느낌이 어떠냥?

 그림은 좀 무서웠어. 근데 난 무서운 게 좋아.

 사람들의 표정이 웃겨서 재미있었어.

냥 작가의 독서감상문 비법 – 세 문장 감상문 쓰기 ②

책 제목을 넣어 '한 문장 감상문'을 써 보라냥. 책의 내용을 떠올리면 좋다냥.

 '빨간 매미'를 잡고 노는 이야기인 줄 알았는데 아니었다.

 우리 학교도 '가정 통신문 소동'이 일어났으면 좋겠다.

한 문장 감상문을 보면 어떤 궁금증이 생기냐옹. 질문하고 대답해 보라옹.

 빨간 매미를 잡는 이야기가 아니면 어떤 이야기였냐옹?

지우개를 훔치는 이야기였어.

 왜 가정 통신문 소동이 일어났으면 좋겠냥?

놀이공원에 가라는 가정 통신문을 받아 보고 싶어.

'책을 고른 이유+
한 문장 감상문+질문의 답'을
이으라는 거지!

네가 쓴 내용을 이어 쓰면
'세 문장 감상문'이 탄생한다냥.

나영이의 세 문장 독서감상문

《빨간 매미》를 읽고

빨간 매미는 본 적이 없어서 '빨간 매미'라는 제목에 궁금증이 생겼다. 그런데 빨간 매미를 잡는 이야기가 아니었다. 상상도 못한 지우개를 훔치는 이야기였다.

한우의 세 문장 독서감상문

《가정 통신문 소동》을 읽고

이 책을 고른 이유는 그림 속 사람들의 표정이 웃기고 귀여워서였다. 우리 학교에도 가정 통신문 소동이 일어나면 좋겠다. 놀이 공원을 가라는 가정 통신문을 받으면 얼마나 기분이 좋을까?

"근데 냥 작가를 어떻게 집에 데려가지? 나영이랑 한우가 알면 가만 안 둘걸."

수재는 나영이에게 들킬 생각만 해도 어깨가 부르르 떨렸어. 영재는 독서감상문상을 못 탈 생각을 하면 소름이 오싹 끼쳤지.

"걱정 마. 내가 천재적인 경쟁자 제거 작전을 생각했어. 줄여서 천재 경제 작전!"

영재와 수재는 학원이 비는 시간마다 틈틈이 냥 작가를 관찰했어. 작가 고양이니까 특별한 점이 있을 거라고 은근히 기대하면서 말이야.

하지만 냥 작가는 그저 평범한 길고양이였어. 햇볕 좋은 화단에서 게으름을 피우며 빈둥대고, 길가를 어슬렁어슬렁 걸어 다녔어. 천재 쌍둥이가 다가가면 귀찮은 듯 느릿느릿 일어나 자리를 옮겼어. 나영이와 한우가 가까이 가면 머리를 맞대고 무슨 꿍꿍이를 꾸미는 것 같았지만, 나영이를 따라가거나 한우에게 애교를 부리지는 않았어.

며칠 뒤 천재 경제 작전 1단계가 끝났어.

"냥 작가는 낮에 혼자 있는 시간이 많아."

"나영이랑 한우를 엄청 좋아하는 것 같지는 않아."

영재와 수재는 냥 작가를 관찰한 결과를 발표했어. 그러고는 쌍둥이답게 한목소리로 결론을 내렸어.

"그러니까 내일 낮에 몰래 데려오자."

준비성도 천재적인 영재는 벌써 친구에게 고양이 이동장을 빌려 놓았어. 하지만 고양이는 강제로 데려올 수 없어. 발톱을 날카롭게 세워 공격할걸! 수재는 고양이 발톱만 생각해도 다리가 후들거렸어.

"냥 작가가 우리를 순순히 따라올까? 고양이가 좋아하는 뭔가로 꾀어야 할 것 같은데? 나영이랑 한우는 어떻게 냥 작가를 꾀었지?"

수재가 겁먹은 목소리로 물었어. 영재는 이마를 잔뜩 찌푸리고 한참을 생각하다 말했어.

"친한 게 아닐지도 몰라. 나영이라면 주먹으로 위협해서 냥 작가에게 일기랑 독서감상문을 불러 달라고 했을 거야. 지난번에도 동물 학대를 하다가 우리한테 딱 걸렸잖아."

영재는 호들갑을 떨었어. 하지만 수재의 생각은 달랐어.

"나영이는 동물을 좋아해. 게다가 길고양이가 우리 같은 어린이들을 무서워할 줄 알아? 내 생각엔, 한우가 한우 꽃등심으로 꾄 거 아냐? 꽃등심에 안 넘어갈 동물은 없을걸? 너도 넘어갈걸!"

영재도 수재의 말이 맞는 것 같았어. 꽃등심은 너무 맛있어서 냥 작가도 거부하지 못할 거야. 영재와 수재는 당장 반려동물의 모든 것을 파는 포키포키로 달려가 최고로 비싼 고급 연어 간식을 샀어.

"간식을 바닥에 하나씩 떨어뜨리면 냥 작가가 간식을 쫓아 우리 집까지 오겠지?"

정말 천재적인 완벽한 계획 아니니!

"냥냥아, 이리 와~."

영재는 작은 도서관 앞에서 식빵을 굽고 있는 냥 작가에게 다가갔어.

"냥냥아, 최고로 맛있고! 고급스러운! 비싼 간식을 사 왔어."

"왜, 왜 그러는 거야?"

영재는 당황스러워 말까지 더듬었어. 냥 작가의 반응에 천재 쌍둥이들은 자존심이 팍 상했지.

"고양이에 대한 정보를 모으자. 적을 알고 나를 알면 백승백승이라니까."

수재가 어려운 한자어를 섞어 말했어. 수재는 자존심이 상할 때마다 한자어를 쓰는 습관이 있어. 어려운 한자어를 쓰다 보니 자주 한두 글자씩 틀리지만, 듣는 친구들은 더 몰라서 망신당한 적은 없었어.

"학원 숙제도 많은데, 캣에 대한 스터디까지 해야 해?"

영재와 수재는 투덜거리면서 책과 영상을 뒤져 고양이에 대한 정보를 찾았어.

고양이는 야행성으로 높은 곳에 올라가길 좋아합니다.
새와 쥐를 잡는 사냥 놀이를 좋아하지요
그래서 집에서 키우는 고양이는 레이저포인터,
즉 고양이 장난감으로 사냥 놀이를 시켜 줍니다.
고양이는 추위를 많이 타서 특히 겨울에 길고양이들은
체온 유지를 잘해 주어야 합니다.
캣닢이라는 풀을 매우 많이 좋아하지요

 영재와 수재는 귀여운 고양이 사진과 영상에 쏙 빠져서 시간 가는 줄 몰랐어. 물론 천재 경제 2단계 작전을 성공시킬 비결도 알아냈지. 고양이들이 먹이보다 더 좋아한다는 캣닢으로 냥 작가를 꼬여내는 거야. 냥 작가가 아무리 특이한 고양이라도 캣닢은 좋아하겠지?

천재 경제 작전은 또 실패했어. 천재 쌍둥이에게 있을 수 없는, 아니 일어나서는 안 되는 일이야! 수재는 너무 기분이 나빠서 천재 경제 작전을 그만두고 싶었어. 또 실패할까 봐 포기하는 게 아니라 공부가 바빠서 말이야.

하지만 영재는 의지를 더 활활 불태웠어.

"수재야, 천재들은 몸보다 머리를 쓰는 법이야. 하지만 작전 성공을 위해 이번만은 몸을 쓰자. 힘을 쓰자고!"

"난 힘 없는데……."

수재는 투덜거리면서도 쌍둥이의 의리를 지켰어.

그날 밤, 영재와 수재는 엄마 몰래 집 밖으로 나갔어. 냥 작가가 머무는 징검다리오솔길로 살금살금 걸어갔어. 수재는 자꾸 어깨가 움츠러들었어. 아파트 단지 안은 가로등이 환했지만 겁이 났어. 어른도 없이, 9시가 넘어서 밖에 나온 건 처음이었거든.

"밤은 하나도 안 무서워. 귀신 같은 건 세상에 없어. 비과학적이야!"

수재는 큰소리를 땅땅 치며 걸어갔어.

다음 날, 징검다리오솔길에는 아무도 없었어. 고양이 발로 쓴 편지 한 장만 달랑 남아 있었지.

> 나영아, 한우야.
> 잠시 궁궐에 다녀오겠다냥.
> 전에 쓴 세 문장 감상문을 고쳐 길게 쓰고 기다리라냥.
> 세 문장 감상문을 보고 퀴즈를 낸 다음
> 퀴즈에 대한 답을 쭉 이어 쓰면 긴 독서감상문이 된다냥.
> 열 문장을 다 쓰고 기다리면 돌아오겠다냥.
> 그럼 안녕이다냥.

"우리한테 숙제를 내 주고, 냥 작가 혼자 좋은 데 갔나 봐. 대회가 일주일도 안 남았는데, 안 오면 어쩌지?"

한우가 걱정스럽게 물었어.

"열 문장을 다 쓰면 온다고 했으니까, 일단 쓰자."

나영이는 전에 썼던 세 문장 감상문을 꺼내 한우에게 내밀었어.

"서로 바꿔서 읽고 퀴즈를 내자."

 나 이 책 안 읽었는데….

 괜찮아. 내 독서감상문을 보고 질문하면 돼.

빨간 매미는 본 적이 없어서 '빨간 매미'라는 제목에 궁금증이 생겼다. 그런데 빨간 매미를 잡는 이야기가 아니었다. 상상도 못한 지우개를 훔치는 이야기였다.

 누가 지우개를 훔쳤어?

주인공 이치가.

 이치는 지우개를 훔치고 기분이 어땠어?

기분이 계속 나빴어. 나쁜 행동을 하고 무서운 꿈도 꾸었어.

 너도 지우개 같은 걸 훔친 적이 있어?

사실은…… 유치원에서 구슬을 훔친 적이 있어.

 헉! 어떻게 했어?

사과하고 돌려주려고 했는데, 부끄러워서 몰래 가져다 놓았어. 지금 생각해도 부끄러워.

나영이의 독서감상문

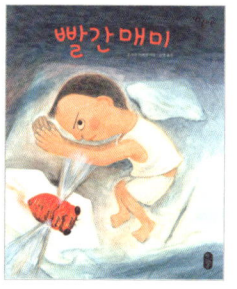

책 제목	빨간 매미
지은이	후쿠다 이와오
그린이	후쿠다 이와오
출판사	책읽는곰

제목 : 빨간 매미를 본 적 있니?

빨간 매미를 본 적이 없어서 '빨간 매미'라는 제목에 궁금증이 생겼다. 그런데 빨간 매미를 잡는 이야기가 아니라 지우개를 훔치는 이야기였다.

이치는 지우개를 훔쳤다. 지우개를 훔친 다음부터 기분이 나빠서 계속 나쁜 행동을 했다. 빨간 지우개가 빨간 매미로 변하는 무서운 꿈도 꿨다.

나도 어릴 때 유치원에서 구슬을 가져온 적이 있다. 사과하고 돌려주려고 했는데, 너무 부끄러웠다. 그래서 다음 날 몰래 갖다 놓았다. 지금 생각해도 부끄럽다.

 독서감상문을 더 길게 쓰고 싶으면 어떡해?

질문을 더 많이 하면 되지.

이 책을 고른 이유는 그림 속 사람들의 표정이 웃기고 귀여워서였다. 우리 학교에도 가정 통신문 소동이 일어나면 좋겠다. 놀이 공원을 가라는 가정 통신문을 받으면 얼마나 기분이 좋을까?

 가장 귀여운 그림이 어떤 거야?

이상이랑 서진이랑 배를 잡고 웃는 그림.

 우리 학교 가정 통신문에는 뭐가 있지?

급식 식단표. 맛없는 음식만 잔뜩 쓰여 있잖아.

 아니야. 맛있는 것만 쓰여 있어.

이것도 퀴즈야?

 아니야. 다시 퀴즈, 놀이공원에 가라는 통신문을 받으면 누구랑 가서 뭘 타고 싶어?

엄마 아빠랑 사촌 형이랑 같이 가서 바이킹을 열 번 탈 거야.

한우의 독서감상문

책 제목	가정 통신문 소동
지은이	송미경
그린이	황k
출판사	위즈덤하우스

제목 : 내가 받고 싶은 가정 통신문

이 책을 고른 이유는 그림 속 사람들의 표정이 웃기고 귀여워서였다. 우리 학교에도 가정 통신문 소동이 일어나면 좋겠다. 놀이공원을 가라는 가정 통신문을 받으면 얼마나 기분이 좋을까?

우리 학교 가정 통신문에서 기억이 나는 것은 급식 식단표다. 늘 맛없는 음식들만 잔뜩 쓰여 있다. 하지만 내 친구는 맛있다고 한다.

내가 받고 싶은 가정 통신문은 놀이공원에 가라는 가정 통신문이다. 그러면 엄마 아빠, 사촌 형이랑 같이 가서 바이킹을 열 번 탈 거다.

나영이와 한우는 독서감상문을 다 쓰고 냥 작가를 기다렸어. 하지만 냥 작가는 오지 않았지. 다음 날도 나타나지 않았어.

"왜 안 와? 왜 약속 안 지켜?"

나영이는 투덜거리다가 자기가 쓴 독서감상문을 다시 읽어 보았어.

"어? 아홉 문장이네. 그래서 안 오나?"

나영이는 얼른 한 줄을 더 썼어.

다음에는 훔치면 꼭 사과하고 돌려주겠다.

쓰고 보니 내용이 좀 이상했어. 나영이는 얼른 지우고 다시 썼어.

앞으로는 절대 아무것도 훔치지 않겠다.

"냥 작가, 독서감상문 다 썼어. 이제 돌아와."

나영이는 징검다리오솔길 앞에서 독서록을 흔들며 큰 소리로 외쳤어. 냥 작가도 들었겠지?

냥 작가의 독서감상문 상담소

냥 작가,
독서감상문에 제목을 붙이래.
어떤 제목이 좋을까?

-3학년 정빈이

중심 단어나 호기심이 생기는 제목으로 지어 봐라냥.

제목은 어떻게 붙일까?

　제목은 독서감상문을 쓰기 전에 붙이기도 하고, 다 쓴 다음에 붙이기도 해. 독서감상문을 쓰기 전에 제목부터 지으면, 제목과 연결 지어 글을 쓸 수 있어. 나영이의 독서감상문 '빨간 매미를 본 적 있니?'처럼 제목에서부터 생각을 쭉 이어 쓰는 거야.

　독서감상문을 다 쓰고 마지막으로 제목을 지을 때는, 내 독서감상문 중 가장 중심이 되는 단어나 궁금증을 불러일으킬 내용을 고르면 돼. 한우가 쓴 '내가 받고 싶은 가정 통신문'은 다 쓴 다음 마지막으로 지은 제목이야.

천재 쌍둥이의 실수

　길고양이의 삶은 자유롭고, 활기차고, 모험이 넘쳐. 냥 작가가 딱 좋아하는 삶이지. 하지만 냥 작가도 가끔은, 특히 코 시리게 추운 날은 편안하고, 안락하고, 사치스럽게 지내고 싶어. 원래 고양이가 좀 변덕스럽거든. 냥 작가는 쌍둥이네 궁궐에 가도 금방 싫증이 날 줄 알았어. 그래서 잠깐 구경이나 할까 하고 쌍둥이들을 따라나섰지.
　"이 방석, 진짜 부드럽다냥. 향기도 좋다냥. 나, 여기 오래 있어도 되겠냐옹?"

냥 작가는 궁궐 집에 벌렁 드러누워 물었어.

"당연하지. 독서감상문대회가 끝날 때까지는 있어야 해. 그 전에 나가면 안 돼."

영재는 오히려 냥 작가가 빨리 떠날까 봐 걱정이었어. 냥 작가는 고양이에게 필수적인 몇 가지 문제만 해결되면 오래오래 있을 생각이었어.

고양이들은 세 가지 조건을 갖춰야 살 수 있어. 왜, 사람도 그런 게 있잖아. 의식주, 옷과 먹을 것과 집이 있어야 살지. 고양이들은 놀식주가 필수야. 놀이, 먹을 것, 집!

냥 작가는 길냥이라 집은 세 번째로 중요해. 겨울이 아니라면 키가 작은 울타리나무 밑이나 부서진 벤치 밑, 어설픈 땅굴 따위에 누우면 그게 집이야. 지금같이 추운 겨울에는 따뜻한 집이 필요하지만, 가장 중요한 것은 먹을 것이지. 특히나 냥 작가는 입맛이 아주 까다롭거든.

"맛있는 음식을 주면 특별히 오래 머물러 주겠다냥."

냥 작가는 거만하게 말했어.

"생선은 절대 안 먹는다냥!"

편식 습관을 자랑하는 것도 잊지 않았지.

 고양이에게 먹을 것 다음으로 중요한 것은 놀이야. 고양이들은 날마다 사냥 놀이를 해야 하거든. 냥 작가는 수재의 방 구석구석을 뒤지며 사냥감을 찾았어. 쥐나 새는 말고. 냥 작가는 언젠가부터 쥐와 새를 싫어하게 되었거든. 대신 바퀴벌레를 쫓으며 사냥 놀이를 해. 그런데 천재 쌍둥이 집에는 바퀴벌레가 한 마리도 없었어.

"여기 못 있겠다냥. 사냥 놀이에 쓸 바퀴벌레가 없다냥."

"으웩, 진짜 바퀴벌레는 안 돼. 대신……."

수재는 고양이 장난감을 사 왔어. 수재가 냥 작가의 놀이 담당을 맡았거든.

수재는 냥 작가가 원하는 장난감이 무엇인지 알아내기 위해 나영이를 슬쩍 떠보았어.

"나영아, 네가 따라다니는 뚱뚱보 고양이 말이야……."

"우리 냥 작가? 아니, 냥냥이 봤어?"

나영이는 수재에게 바싹 다가와 물었어. 냥 작가가 편지만 한 장 달랑 써 놓고 사라져서 걱정이 되었거든. 하지만 수재는 나영이가 뭔가 눈치챈 줄 알고 펄쩍 뛰었어.

"내가 냥냥이를 왜 봐? 언제 봐? 어떻게 봐? 뭘 봐? 난 고양이 싫어하거든. 왜 나한테 고양이 얘길 하고 그래?"

"누가 뭐래? 네가 먼저 냥냥이 얘기를 꺼냈거든."

"그랬…… 나? 난 그냥 냥냥이가 바퀴벌레가 없으면 뭐로 사냥 놀이를 하나 궁금해서. 아니, 궁금한 게 아니라 학원 숙제로 길고양이 조사를 하는데 필요해서. 난 진짜로 고양이한테 관심이 하나도 없거든."

수재는 혼자 찔려서 아무 말이나 떠벌렸어. 그럴수록 나영이는 수재가 더 의심스러웠어.

"길냥이 싫어한다며. 냥 작가가 바퀴벌레를 잡으며 노는 걸 어떻게 알았지?"

나영이가 째려보자 수재는 안절부절못했어. 냥 작가를 몰래 숨긴 사실을 들키면 나영이는 수재를 가만두지 않을 거야. 동물 감금으로 신고할지도 몰라.

"어, 그래? 난 몰랐어. 당연히 몰랐지."

수재는 막무가내로 우기다가 문득 나영이의 손을 보았어. 나영이는 오동통한 강아지풀을 쥐고 있었어. 수재는 천재답게 바로 알아챘어. 냥 작가의 자연 장난감은 강아지풀이라는 사실을! 사실은 예전에 나영이가 강아지풀을 흔들며 냥 작가와 놀던 모습이 생각났거든.

수재는 나영이의 수상한 눈초리를 피해 강아지풀 더미에 다가갔어. 키가 크고, 솜털이 보송보송한 통통한 강아지풀을 골라 꺾었어.

그날 저녁, 수재는 강아지풀로 냥 작가와 실컷 놀았어. 냥 작가가 집을 나갈까 봐 놀아 주려고 시작했는데, 놀다 보니 엄청 재미있는 거 있지!

한참 놀고 있는데 갑자기 방문이 벌컥 열렸어. 냥 작가는 후다닥 숨었어.

절대로 쌍둥이 엄마의 눈에 띄지 않기로 약속했거든. 냥 작가는 감쪽같이 숨었을까? 냥 작가를 찾아봐.

쌍둥이 엄마는 방안을 천천히 둘러보았어.

"수재야, 누구랑 놀았어?"

수재는 연필 대신 강아지풀을 꼭 잡고 문제집을 푸는 척했어. 심장이 쿵덕쿵덕 미친 듯이 뛰었지만 애써 시치미를 뚝 뗐지.

"나, 안 놀았어. 공부하는 중이야. 숙제가 너무 많아."

"웃음소리가 나던데?"

"아, 수학 문제 풀다가…… 어려운 문제가 너무 잘 풀려서 웃은 거야. 아하하하, 수학 너무 재밌다."

"아유, 우리 수재 진짜 수재네. 어려운 문제 더 많이 풀고 더 많이 웃어."

엄마가 나가자 수재는 한숨을 몰아쉬었어. 온몸에 힘이 쭉 빠졌어. 한 번 더 들킬 뻔했다가는 폭삭 늙을 것 같았어. 하지만 냥 작가는 신나서 엉덩이가 들썩거렸지.

"너희 엄마 또 오라고 하라냥. 이번에는 더 꼭꼭 숨겠다냥. 꼬리털이 보일라, 꼭꼭 숨어라냥~."

"안 돼. 엄마한테 들키면 난 죽어!"

수재는 부르르 떨며 냥 작가를 영재 방에 데려다 놓았어.

영재 방도 그럭저럭 냥 작가의 마음에 들었어. 특히 폭신폭신한 빨간 쿠션이 좋았어.

"피곤하다냥. 잘 준비 좀 하겠다냥."

냥 작가는 빨간 쿠션에 사뿐히 앉아 앞발로 꾹꾹 쿠션을 눌렀어. 잠자리를 편안하게 다듬은 다음 앞발에 침을 묻혀 정성껏 세수를 했어. 뒷발도 침을 발라 깨끗이 닦고, 오묘한 자세로 똥꼬도 닦았어.

냥 작가는 꼼꼼하게 몸단장을 마치고, 영재의 베개 위에서 살포시 잠들었어. 가르릉 가르릉 기분 좋은 숨소리를 내며……. 영재는 잠든 냥 작가를 빤히 쳐다보다가 살짝 손가락을 뻗었어. 난생처음 고양이를 쓰다듬어 보았어.

"부드럽고 포근하다. 귀엽다."

영재는 저도 모르게 냥 작가의 매력에 푹 빠지고 말았어.

냥 작가 덕분에 천재 쌍둥이들은 처음으로 학교랑 학원을 다 빼먹었어. 영재와 수재는 그동안 못 했던 놀이를 할 생각에 들떴어. 콧물과 재채기가 나고 머리까지 아팠지만, 고약한 알레르기 증상도 놀이를 향한 천재 쌍둥이의 열정을 막지 못했어.

하지만 냥 작가는 천재 쌍둥이의 놀이 열정을 단번에 부숴 버렸지.

꼬꼬쌤과 삐악이들은 학교에 온 영재와 수재를 보고 깜짝 놀랐어. 눈은 퉁퉁 붓고, 피부에는 빨갛게 발진이 돋고, 콧물까지 줄줄 흘리고 있었거든.

"영재야, 수재야, 쌤이 조퇴 시켜 줄게. 얼른 집에 가, 응?"

꼬꼬쌤은 영재와 수재의 등을 떠밀었어. 하지만 영재와 수재는 집에 귀신이라도 있는 듯 소스라쳤어.

"싫어요!"

"못 가요!"

"아플 땐 쉬는 게 최고야. 며칠 집에서 쉬어도 괜찮아."

"싫어요. 학교에서 쉴래요."

영재는 콧물을 훌쩍 들이마시며 버텼어.

"집엔 절대 못 가요!"

수재는 피부 발진을 긁으며 버텼어.

꼬꼬쌤은 영재와 수재가 너무 안쓰러웠어. 도대체 공부가 뭐기에 아홉 살밖에 안 된 어린이들이 아픔을 참고 부득부득 수업을 듣겠다고 버티는 걸까? 꼬꼬쌤은 오늘 일기에 이 이야기를 쓰면서 눈물을 흘릴 것 같았어.

나영이도 학교에 있겠다고 버티는 영재와 수재를 도무지 이해하지 못했어.

"쟤들 집에 호랑이라도 있나? 꼭 무서워서 집에 못 가는 애들 같잖아!"

맞아! 천재 쌍둥이들은 냥 작가의 심부름이 무서워서 집에 갈 수 없었어.

천재 쌍둥이는 학교에서 편히 쉬었어. 보건실 침대에서 한 시간 동안 늘어지게 낮잠도 잤지. 하지만 집에 돌아오자마자 또 바쁜 고양이 지옥에 시달렸어.

"독서감상문대회도 준비해야 하는데, 더는 못 해!"
"냥 작가, 우릴 괴롭히려면 나가!!"

냥 작가는 눈이 똥그래졌어. 자기 집에 와 달라고 꼬시고, 조르고, 오래 있어 달라고 매달릴 때는 언제고. 이제 와서 쫓아낸다고? 냥 작가는 나가고 싶은 마음이 고양이 눈곱만큼도 없는데?

냥 작가는 눈물이 그렁그렁한 눈으로 천재 쌍둥이를 쳐다보았어.

영재와 수재는 독서감상문대회에서 상 타기 딱 좋을 것 같은 훌륭한 책을 골라왔어. 집 지을 때 벽돌로 쓰기에도 좋은, 표지가 빳빳하고 두꺼운 책이었지.

"냐아냐아~, 요즘 초딩들 사이에는 벽돌 책이 유행이냥? 이렇게 글씨도 작고 두껍고 어려운 책을 이해할 수 있냐옹?"

냥 작가는 캣웃음을 쳤어. 문득 나영이와 한우가 생각나 코끝이 시큰해졌어. 어쩌면, 하는 짓도 이렇게 비슷할까!

"애들아, 이 책의 60쪽을 펼쳐 보라냥. 책 고르기 비법이 보이냥? 그 테스트로 책을 다시 골라 보라냥."

천재 쌍둥이들은 책장에서 몇 권의 책을 꺼내 와 '책 고르기 테스트'에 넣었어.

"오 마이 갓. 이 테스트 엉터리 아냐? 유치원 때 읽은 책이 나와."

"나도. 1학년 때 엄청 감동적으로 읽은 책이 나왔어."

영재와 수재는 얇고 그림이 많은 그림책을 골라 왔어.

"이제 독서감상문 불러 줘."

천재 쌍둥이들은 짧은 책을, 짧은 시간 동안, 재미있게 읽고 말했어. 냥 작가는 고개를 절레절레 저었어. 진짜 작가는 남의 글을 대신 써 주지 않는 법이거든!

냥 작가의 독서감상문 비법 - 6종 질문 세트

독서감상문이 술술 써지는 '6종 질문 세트'를 알려 주겠다냥.

그런 게 있어? 빨리 알려 줘!!

Q1 재미는 몇 점이냥? 그 이유는 뭐냥? (1~5점)

Q2 주인공은 누구냐옹? 주인공과 맞서는 인물, 주인공을 도와주는 인물은 누구냐옹?

Q3 주인공은 무슨 일을 했냥? 그 결과는 어땠냐옹?

Q4 주인공과 비슷한 일을 겪은 적이 있었냥? 그때 너는 어떻게 행동했었냥?

Q5 책을 읽은 후 네 생각이나 행동이 변했냥? 새로 다짐한 일이 있냥?

Q6 다른 사람에게 이 책을 추천하고 싶냥? 그 이유는 뭐냥?

 스스로에게 질문을 하고 답을 적어라냥.

 《종이 봉지 공주》로 대답해 볼게.

A1 5점. 그 이유는 공주가 못된 왕자랑 결혼을 안 해서 통쾌했다.

A2 주인공: 엘리자베스 공주와 로널드 왕자. 맞서는 인물: 용.

A3 종이 봉지를 입은 공주가 용에게 잡혀간 왕자를 구해 줬다. 하지만 왕자는 옷을 잘 차려입고 오라며 화를 냈다.

A4 없다. 나는 맨날 예쁜 옷만 입어서 옷을 차려입고 오라는 말을 들어 본 적이 없다. 다른 사람한테 그런 말을 들으면 기분이 너무 나쁠 것이다.

A5 옷에 너무 신경 쓰는 사람과는 결혼하지 말아야겠다. 안 예쁜 옷을 입어도 나를 좋아하는 사람과 결혼할 거다.

A6 우리 엄마한테 이 책을 추천한다. 엄마는 옷에 너무 신경을 쓰신다.

영재의 독서감상문

질문에 대한 답을 주르륵 이어 쓰면 독서감상문 완성이다냥. 쓰면서 문득 든 생각을 덧붙여 쓰면 더 훌륭해진다냥.

책 제목	종이 봉지 공주	출판사	비룡소
지은이	로버트 문치	그린이	마이클 마첸코

제목 : 종이 봉지를 입으면 어때서!

이 책은 5점 만점에 5점짜리 재미있는 책이다. 왜냐하면 공주가 못된 왕자랑 결혼을 안 해서 통쾌했기 때문이다.

등장인물은 엘리자베스 공주, 로널드 왕자, 용이 나온다. 엘리자베스 공주는 종이 봉지를 입고 가서 용에게 잡혀간 왕자를 구했다. 그런데 왕자가 옷을 잘 차려입고 오라며 화를 냈다.

나는 예쁜 옷만 입어서 그런 말은 안 들어 봤지만, 이런 말을 들으면 기분이 너무 나쁠 것이다. 나라도 로널드 왕자와 결혼 안 할 거다. 책을 읽고 나니, 옷에 너무 신경 쓰는 남자랑은 결혼하지 말아야겠다는 생각이 들었다. 안 예쁜 옷을 입어도 나를 좋아하는 사람이랑 할 거다.

이 책을 엄마에게 권하고 싶다. 엄마는 옷에 너무 신경을 쓴다. 앗, 다시 생각해 보니 권하면 안 될 것 같다. 엄마가 옷에 신경을 안 쓰면 우리 공부에 더 신경을 쓸 테니까.

"뭐야, 왜 이렇게 잘 썼어?"

수재는 영재의 독서감상문을 보고 깜짝 놀랐어. 《종이 봉지 공주》를 다시 읽고 싶을 만큼 잘 썼거든.

"네 것도 보자."

영재는 보여 주지 않으려는 수재의 독서록을 억지로 뺏어 보았어. 영재도 깜짝 놀랐어. 수재의 독서록에는 독서감상문 대신 콧물만 얼룩덜룩, 우글우글 젖어 있었거든.

"난 더 잘 쓸 수 있는데, 콧물이 너무 많이 나와서 못 썼어. 고양이 알레르기가 더 심해지고 있어서. 에에에 이취."

냥 작가의 독서감상문 상담소

'나라면 어떻게 했을까?' 생각해 보라냥.

> 냥 작가야, 독서감상문을 쓸 때 느낀 점이 제일 중요하다며? 그냥 재미있다고 느꼈는데, 어떻게 써?
>
> -고민이 많은 초딩

독서감상문의 느낀 점은 무엇을 쓸까?

책을 읽으면 '재미있다, 슬프다, 부럽다, 화가 난다, 무섭다'처럼 다양한 감정을 느끼지? 독서감상문에는 이런 감정을 솔직하게 쓰면 돼. 그럼 달랑 한 줄이라서 너무 짧다고? 왜 그런 감정을 느꼈는지 이유를 구체적으로 쓰면 길게 쓸 수 있어.

책에 나온 것과 비슷한 경험을 했다면, 그걸 써 봐. 책의 내용과 비슷한 경험이 없다면, '나라면 어떻게 했을까?'라고 생각해서 적어도 돼. 이러한 모든 것들이 다 느낌이야.

> 냥 작가의 독서감상문 비법

느낀 점을 쓰는 법을 함께 연습해 보자냥.

한입 꿀떡 요술떡
지은이 오주영 | 그린이 오윤화 | 문학동네

예제 1 책과 비슷한 경험이 있을 때

나도 뚱 교장님처럼 무서운 선생님을 만난 적이 있다. 내가 잘못하지도 않았는데 잘 알지도 못하고 혼냈다. 억울하고 눈물이 났다. 이 책을 보고, 그 선생님이 왕꼬리떡을 먹은 상상을 하니 통쾌해졌다.

예제 2 나라면 어떻게 했을까?

달로는 뚱 교장님이 무서워서 학교에 가기 싫었는데, 아빠한테 말을 못 하고 학교에 갔다. 우리 아빠는 뭐든 솔직하게 말하라고 했다. 나라면 아빠한테 사실대로 말하고, 뚱 교장님이 아이들에게 나쁘게 하지 못하게 막아 달라고 했을 것 같다.

넌 누구 편이야?

 냥 작가는 보송보송한 앞발에 침을 묻혀 얼굴을 싹싹 닦았어. 마음이 급한지 세수를 하는 발놀림이 점점 빨라졌어. 얼굴을 다 닦은 냥 작가는 벌떡 일어나 방문 앞에 섰어.

"문을 열라옹."

천재 쌍둥이들은 깜짝 놀라 냥 작가를 말렸어.

"안 돼. 밖에 엄마 있어."

"들키면 냥 작가 너는 물론 우리까지 쫓겨날걸."

"바로 그거다옹. 난 쫓겨나서 길냥이로 돌아가겠다냥."

누가 쌍둥이 아니랄까 봐 영재와 수재는 똑같이 눈이 똥그래졌어. 따뜻한 집에, 맛있는 캔에, 온갖 잡심부름을 다 해 주는데, 여기를 마다하고 추운 길바닥으로 나간다고? 게다가 아직 독서감상문대회도 안 끝났는데? 약속이 틀리잖아!

영재와 수재는 냥 작가의 앞을 척척 가로막았어.

　냥 작가와 천재 쌍둥이들은 버럭버럭 소리 지르며 싸웠어. 셋 다 너무 흥분해서 집에 엄마가 있다는 사실을 깜빡했지 뭐야.

　"영재, 수재. 너희들 또 싸우니?"

　갑자기 방문이 벌컥 열렸어. 워낙 순식간에 일어난 일이라, 재빠른 냥 작가도 미처 숨지 못했어. 하는 수 없이 냥 작가는 그자리에 우뚝 서서 고양이 인형인 척했지. 하지만 천재 쌍둥이 엄마는 속지 않았어.

"누가 고양이를 집에 들이래? 당장 쫓아내지 못해?"

쌍둥이 엄마는 펄쩍 뛰었어. 영재가 독서감상문상 때문에 어쩔 수 없다고 설명했지만 듣지도 않았어. 꽥꽥 소리를 지르며 냥 작가의 엉덩이를 밀어냈어.

"밀지 말라옹. 내 발로 나간다옹."

냥 작가는 기쁘게 쫓겨났어. 네 발로 사뿐사뿐 춤을 추듯 걸어 나왔어. 쌍둥이들도 쪼르르 따라 나왔어. 엄마의 화가 가라앉을 때까지 잠시 몸을 피하려고 말이야.

천재 쌍둥이들은 풀이 팍 죽어서 냥 작가 뒤를 졸졸 따라왔어. 며칠 동안 함께 지내며 정이 너무 많이 들었나? 냥 작가는 쌍둥이들이 안쓰러웠어.

"독서감상문상을 타면 혼이 안 날까냥? 그럼 내가 도와주겠다냥."

"정말?"

"약속했다!"

영재와 수재는 냥 작가의 앞발에 손가락을 걸었어.

냥 작가는 춥지만 그리웠던 징검다리오솔길로 달려갔어. 저 멀리 나영이가 냥 작가를 기다리고 있나 봐.

"냥 작가, 어디 다녀와? 얼마나 찾았는데."

나영이는 냥 작가를 덥석 안았어. 하지만 뒤따라온 천재 쌍둥이를 보고 냥 작가를 도로 내동댕이쳤어.

"왜 잘난 체 천재들하고 같이 와?"

"난 그냥 여기저기 다녀왔다냥. 천재 쌍둥이들은 오다가 우연히 만났다냥. 같은 아파트에 사니까 어쩔 수 없이 만나기도 하고 그러는 거 아니냥?"

냥 작가는 괜히 찔려서 아무 말이나 막 해서 얼버무렸어. 그래도 나영이는 의심의 눈초리를 거두지 않았어.

"냥 작가, 천재 쌍둥이랑 같이 있었던 거 아니지? 설마 천재 쌍둥이랑 친해?"

냥 작가가 대답을 하기도 전에 영재가 냉큼 말했어.

"당연하지. 우리 친해! 냥 작가가 독서감상문 가르쳐 준다고 해서 따라온 거야. 왜, 불만 있어?"

영재가 나영이를 째려보며 말했어. 나영이는 냥 작가를 째려보았어. 냥 작가는 불타는 아이들의 눈빛에 안절부절 어쩔 줄을 몰랐어.

냥 작가의 독서감상문 비법 – 지식책 독서감상문

난 이 책을 읽었어. 《너는 어떻게 학교에 가?》

지식책을 읽었구냥. 지식책 독서 카드를 채운 다음 독서감상문을 써 보라냥.

이 책을 고른 이유는 뭐냥?	이 책은 어떤 지식을 알려 주는 책이냥?
표지에 '등굣길 모험'이라고 쓰여 있어서 궁금했어. 어떤 모험을 하는지.	여러 나라의 어린이들이 어떻게 학교에 가는지 알 수 있어.

새로 알게 된 지식이 있냥?	새로운 지식을 알고 어떤 느낌이 들었냥?
어떤 아이는 배를 여섯 시간이나 타고 학교에 가고, 또 다른 아이는 세 시간을 걸어서 학교에 간다는 사실을 알았어.	학교를 이렇게 힘들게 다니는 친구들이 있을 줄 몰랐어. 불쌍했어.

책을 읽은 뒤 네 생각이나 관심의 변화가 생겼냥?	새로 알게 된 지식을 알려 주고 싶은 사람이 있냥? 그 이유는 뭐냥?
잘 모르겠는데, 학교를 많이 지어 주면 좋을 것 같아.	영재. 10분만 걸어가면 되는데, 툭 하면 엄마한테 차로 태워 달라고 하거든.

수재의 독서감상문

카드에 쓴 글을 이어 쓰면 지식책 독서감상문이 된다냥. 생각나는 아이디어를 덧붙이면 더 훌륭하다냥.

책 제목	너는 어떻게 학교에 가?	출판사	한겨레아이들
지은이	미란다 폴, 바트스트 폴	그린이	이사벨 무뇨즈

제목 : 나만 편하게 다녀서 미안해

표지에 '등굣길의 모험'이라고 쓰여 있어서, 어떤 모험을 하는지 궁금했다. 그런데 모험이 아니라 여러 나라 어린이들이 어떻게 학교에 가는지 알려 주는 책이었다.

어떤 나라 아이는 배를 여섯 시간 타고 학교에 가고, 또 다른 나라 아이는 세 시간을 걸어서 학교에 갔다. 학교를 그렇게 힘들게 다니는 친구들이 있는 줄 몰랐다. 불쌍했다. 그런 나라에 학교를 많이 지어 주면 좋을 것 같다.

이 책을 영재한테 보여 주고 싶다. 영재는 10분만 걸으면 학교에 갈 수 있는데, 툭 하면 엄마 차로 태워 달라고 한다.

"영재야, 다른 나라 친구들한테 미안하지도 않냐? 앞으로는 걸어 다녀라."

냥 작가와 독서감상문 연습을 해 본 덕분에 나영이와 한우, 그리고 영재와 수재는 무사히 대회에 참가했어. 다들 자신 있게 잘 썼나 봐. 대회가 끝나고 한 명씩 살짝 냥 작가를 찾아와 말했거든.

드디어 작은 도서관 독서감상문대회 발표날이 되었어. 아이들은 잔뜩 긴장했어. 냥 작가도 작은 도서관 앞으로 걸어갔어.

냥 작가의 수제자들은 모두 장려상을 받았어. 영재와 수재는 화가 나서 펄쩍 뛰었어.

"오 마이 갓. 내가 왜 장려상이야? 얼마나 잘 썼는데."

"나도. 심사를 공정하게 한 거 맞아?"

천재 쌍둥이들이 투덜거렸지만 심사위원들에게 따지러 가지는 않았어. 어쨌든 학원을 하나 더 다니지는 않게 되었으니까.

난생처음 상을 받은 한우는 기뻐서 입이 헤 벌어졌어. 상을 타게 도와준 냥 작가에게 평생 숯불고기를 공짜로 먹여 주기로 다짐했지.

나영이도 상을 받아서 기뻤지만 아쉬움도 많았어. 장려상 상품은 문화상품권 한 장뿐이거든.

"겨우 문화상품권 한 장. 한우 거랑 합쳐도 두 장으론 냥 작가 집을 못 사."

나영이는 한숨을 폭 쉬었어.

"그렇긴 하네. 우리 냥 작가 추워서 어쩌지?"

한우도 나영이를 따라 한숨을 쉬었어. 그때 천재 쌍둥이가 다가와 얄밉게 말했어.

"길냥이 추운 걸 왜 너희가 걱정하니?"

"그럼 잘난 척 쌍둥이 너희가 걱정할래?"

나영이는 쌍둥이들에게 톡 쏘아붙였어. 그러자 뜻밖의 대답이 돌아왔지.

"당연하지. 우리랑 같이 걱정해야지."

"우리가 너희보다 더더더 친하거든!!"

천재 쌍둥이들도 냥 작가가 추위에 벌벌 떨까 봐 걱정이 많았어. 집에서 쓰던 궁궐 집을 징검다리오솔길에 놓아 주려 했지만, 쿠션으로 만든 궁궐 집은 비나 눈이 오면 폭삭 젖어서 길고양이 집으로는 못 썼어.

영재와 수재는 상품으로 받은 문화상품권을 척척 나영이에게 내밀었어.

"냥 작가 집은 우리랑 같이 걱정해야지."

냥 작가의 독서감상문 상담소

나도 상 받고 싶다냥. 고기 밥상!

냥 작가님!
독서감상문을 특별하게 써서
상을 받고 싶어요.
좋은 방법 없을까요?
─상을 타고 싶은 4학년

독서감상문 대신 편지를 써 봐!

특별한 독서감상문을 쓰고 싶다면, 편지글 형식으로 쓰면 어떨까? 받는 사람은 작가나 주인공, 아니면 그 책을 추천해 주고 싶은 친구나 가족이어도 괜찮아.

편지 독서감상문은 보통 편지처럼 먼저 인사와 내 소개로 시작해서 편지를 쓰게 된 이유를 꼭 써 줘. 다음으로 책을 읽으면서 궁금했던 점도 물어보고, 내 느낌을 쓰면 돼. 마지막 인사도 빼먹지 마!

친구들의 독서감상문

책 제목	책 먹는 여우	출판사	주니어김영사
지은이	프란치스카 비어만	그린이	프란치스카 비어만

여우 씨에게

안녕하세요, 책 먹는 여우 씨! 저는 책 '안' 먹는 아현이라고 합니다. 책은 제 입맛에 안 맞아서요. 저는 책을 먹지 않고 읽어요. 책을 읽으면 재미있는 이야기를 알 수 있어서 좋아요. 특히 〈해리포터〉 시리즈를 좋아하는데, 여우 씨가 이 책을 맛본다면 아주 맛있어 할 것 같네요! 저는 여우 씨께 궁금한 게 있어요. 책을 먹을 때 설탕은 안 뿌리나요? 케첩에 찍어서 먹어도 좋을 것 같은데. 맛없는 음식도 케첩을 뿌리면 다 맛있어지거든요.

여우 씨는 착한 여우니 강도짓은 하지 마세요. 감옥에 있으면 책을 못 먹잖아요! 아, 그리고 다음에는 도서관에서 책을 먹을 때 꼭 주위를 살피고 드세요. 들키면 곤란해지잖아요. 저라면 그렇게 할 거예요.

케첩, 꼭 시도해 보세요!!

안녕히 계세요.

케첩 좋아하는 아현이가

여우 씨에게 새로운 책을 추천하다니, 여우 씨가 아주 좋아하겠구냥.

친구들의 독서감상문

책 제목	메리	출판사	사계절
지은이	안녕달	그린이	안녕달

제목 : 나도 강아지를 키우고 싶다!

이 그림책은 그림체가 예쁘고, '메리'라는 제목이 눈에 띄어 읽게 되었다. 시골 할아버지와 할머니가 강아지를 데려와 키우는 이야기인데, 할아버지가 강아지를 데려와 이름을 '메리'라고 지었다. 그런데 그 동네 강아지 이름은 모두 다 '메리'였다. 내 생각에는 옛날 사람들이 영어 이름이 예뻐서 '메리'라고 지은 것 같다.

제일 인상 깊었던 장면은 마지막에 할머니가 메리에게 갈비를 주는 장면이다. 할아버지도 돌아가시고, 식구들도 모두 돌아간 뒤였는데도 할머니가 '메리' 때문에 행복해 보였다.

아쉬운 점은 사건이 더 많이 일어났으면 좋았을 것 같다. 여러 사건이 일어나지 않아 너무 평화로워서 재미 별점은 4.5점만 주겠다. 하지만 그림체와 평화로운 이야기가 잘 어울려서 좋았다. 이 책을 읽고 나는 강아지를 더 기르고 싶어졌다.

강아지를 키우고 싶은 마음이 잘 드러나게 썼다옹. 나도 강아지를 키우고 싶어졌다냥~.

친구들의 독서감상문

책 제목	엄마의 의자	출판사	시공주니어
지은이	베라 윌리엄스	그린이	베라 윌리엄스

제목 : '엄마의 의자'는 도대체 어떤 의자일까?

주인공의 집에 일 년 전 불이 나서 가구들을 사용할 수 없게 되었다. 이웃들과 친척들이 가구를 주었지만, 푹신하고 안락한 의자는 없었다. 우리 엄마는 힘들게 일하고 오면 소파에 누워서 쉬는데, 주인공의 엄마는 쉴 곳이 없었다. 엄마와 주인공은 큰 병에 1센트, 5센트 동전을 모아, 하나도 더 넣을 수 없을 만큼 많아졌을 때 원하는 의자를 사러 갔다. 가구점을 네 군데나 돌아다니는 모습이 우리 할머니 침대를 사러 갔을 때랑 비슷했다.

결국, 주인공과 엄마는 벨벳 바탕에 빨간 장미가 그려진 소파를 샀다. 못 살까 봐 조마조마했는데 사서 다행이었다. 이 책을 읽고 '엄마의 의자'는 '엄마를 위한 의자'라는 것을 알게 되었다. 엄마의 의자에 엄마랑 주인공이 앉아 있는 모습을 보니, 나도 갑자기 엄마랑 둘이 소파에 앉고 싶어졌다.

제목에 담긴 뜻을 잘 찾았다옹. 책을 아주 잘 읽었다냥~.

나의 독서 습관은 어떨까?

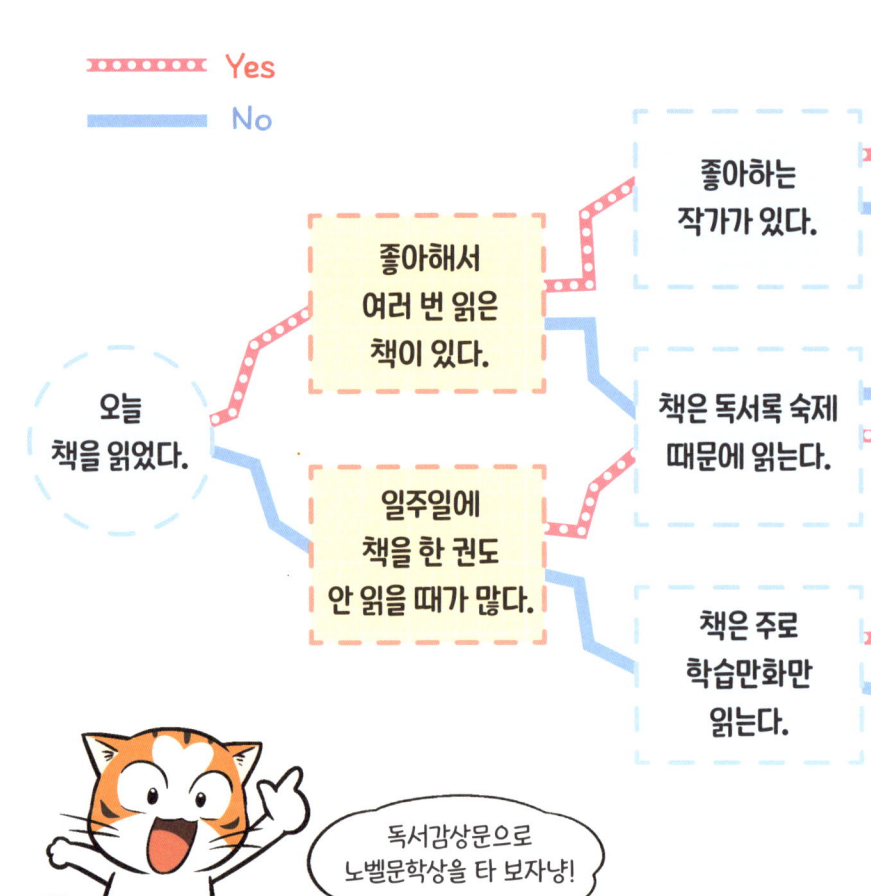

내 지식의 대부분은 책에서 배웠다.	**노벨문학상** — 지금 독서 습관을 유지하면 노벨문학상을 받을 만한 글쓰기 실력을 갖게 될 거야.
자주 소리 내서 책을 읽는다.	**한국문학상** — 지금도 잘하고 있지만, 오늘부터 좀 더 깊이 있는 책을 읽어 봐. 노벨문학상이 눈앞에 보일 거야.
내 손에 책보다 스마트폰이 더 많이 들려 있다.	**동네문학상** — 우리 동네에서 내가 최고 문학가. 더 높은 상을 노린다면 그림이 적고 글이 중심인 책을 읽어 봐.
책을 읽을 때 모르는 단어가 많다.	**도전! 작가상** — 지금 들고 있는 스마트폰을 끄고 손에 책을 쥐어 봐. 노벨문학상급 글쓰기 능력도 책의 첫 장을 넘기는 것부터가 시작이거든.

냥 작가의 글쓰기 상담소

우연히 벼락을 맞아 글쓰기 능력을 갖게 된

길냥이 냥 작가에게 배우는 신통방통한 글쓰기 비법!

글쓰기 고민,

냥 작가가 해결해 드립니다!

즐비 글 | 류수형·김준식 그림 | 초등 전학년

고군분투하던 초등 어휘력
읽으면서 바로 써먹는 어린이 시리즈로
재미있고 알차게 키우자!!

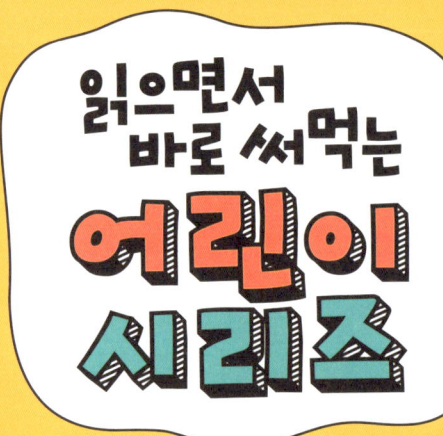

한날 외 글·그림 | 초등 전학년

〈읽으면서 바로 써먹는 어린이 시리즈〉는 아이들이 좋아하는 귀엽고 깜찍한 찹이 패밀리의 이야기로, 웹툰이라는 형식에 담아 부담 없이 자꾸 손이 가는 책이 되어 재미있게 읽고 또 읽으며 맞춤법과 상식을 배우고, 속담, 관용구, 고사성어, 영단어가 자연스럽게 입에서 툭 튀어나오게 합니다.